LA COMÉDIE
DE
L'EXPOSITION

PAR CHAM

I

PROLOGUE

N'y a pas que les domestiques qui attendent la sortie.

PARIS
ARNAULD DE VRESSE, ÉDITEUR
5, RUE DE RIVOLI, 5

LE PUBLIC ADMIS À VISITER LES TRAVAUX DE LA SALLE DE L'EXPOSITION UNIVERSELLE.

— Pardon, madame, auriez-vous l'obligeance de me tenir ça une minute, que je monte parler à un camarade ?

— Mais je ne vois rien ?

— Un peu de patience, ma chère ! Attends seulement trois mois et tu verras comme c'est curieux, ce que l'on mettra là.

— Quand on a fait ma photographie j'allais avoir ce petit garçon.

— Madame, vous ne pouvez par entrer si vous ne vous mettez pas dans le même état.

— Du moment qu'il est sur ma photographie, il a le droit d'entrer aussi. Je ne serais plus ressemblant sans lui.

— Monsieur ! monsieur ! monsieur !
— Je suis à cheval dans ma photographie !

Le *Charivari* propose d'organiser à l'Exposition universelle des entrées de famille permettant de passer tous d'un bloc au tourniquet pour vingt sous,

— En sus de votre bulletin, voici une pelle et une pioche pour dégager vos bagages en cas d'encombrement.

— J'ai perdu ma photographie. Voudriez-vous la remplacer sur ma carte d'entrée par mon portrait à l'huile ?

— Tu viens à l'exposition avec de la couleur sur le nez !
— Faut bien, ma chère, la photographie que j'ai sur ma carte d'entrée a été faite en hiver, j'avais le nez tout ouge.

— Jaloux pour un monsieur ! Ah ! ben merci ! qu'est-ce que tu diras donc à l'époque de l'Exposition ?

— Trois enfants ! Je ne m'en connaissais que deux !
— Tu reviens au moment de l'Exposition, lorsque tout a augmenté.

L'ATTENTE D'UN ÉVÉNEMENT.

— Amélie, tâche qu'il soit beau ; nous l'enverrons à l'Exposition.

— Ah! saperlotte! ma femme qui apprend des langues étrangères en vue de visiteurs qui vont arriver pour l'Exposition.

— Madame Prud'homme, voici l'Exposition ; on n'aura de considération que pour les étrangers, et j'aime les attentions.

— Va falloir démolir les fortifications pour la grande Exposition.
— Ah bah !
— Mais certainement ; comment voulez-vous que les étrangers arrivent à Paris s'il y a des fortifications ?

— Estimez-vous encore très-heureux. Tout va augmenter : au moment de l'Exposition vous en recevriez deux.

SUR LES BOULEVARDS A L'ÉPOQUE DE L'EXPOSITION.

— Monsieur, il faut que vous attendiez votre tour : vous avez le numéro 4326.

CLASSE DE GÉOGRAPHIE.

— Que savez-vous sur la Chine ? quels sont ses produits ?

— M'sieu, je ne vous le dirai pas. Je veux vous laisser la surprise pour quand vous irez voir l'Exposition.

— Le vilain malpropre ! tu ne changes donc pas de chemises ?

— J'attends le moment de l'Exposition.

— Votre dictée est pleine de fautes ; vous ne voulez donc pas apprendre le français ?

— C'est pas la peine ; au moment de l'Exposition ce sera tous étrangers ; le français ne servira à rien.

— Tu fais le malhonnête ! C'est bon, tu payeras ça à l'époque de l'Exposition ; tu seras à mes pieds et je ne te donnerai pas à manger.

— Monsieur aime la viande ? Alors faudra venir chez nous. Il y a un chimiste pour le moment de l'Exposition qui nous imitera ça très-bien.

— Que monsieur commande tout de suite son diner pour le moment de l'Exposition, s'il ne veut pas attendre ! Nous aurons tant de monde !...

— Le n° 8 ne veut pas de son beefsteak ; il ne le trouve pas frais.

— Mettez-le de côté, il sera trop heureux de l'avoir au moment de l'Exposition.

— Bilboquet qui comptait ne l'acheter que la semaine prochaine ! Quelle erreur ! plus il approche de l'Exposition, plus c'est cher !

AVANT L'EXPOSITION DE PEINTURE.

— Sapristi ! vous deviez m'encadrer mon portrait pour quinze francs, et vous en exigez aujourd'hui trente ?

— Colonel, vous savez, on augmente les cadres de l'armée !

— Faut que je me serre beaucoup à cause de l'Exposition ?

— Certainement; faudra bien que monsieur fasse de la place; il y aura tant de monde dans Paris à cette époque !

SYSTÈME D'UN CACHE-NEZ NOUVEAU GENRE POUR L'EXPOSITION.

Le cache-nez changeant de localité par suite de l'exiguité des vêtements d'aujourd'hui.

— Je m'en suis fait faire une exprès pour l'Exposition. Tu conçois ce que ça donnera, les ordures, dans ce moment-là ! Toutes les nations qui vont s'y mettre !

PROJET POUR L'ENLÈVEMENT DES ORDURES SUR LA VOIE PUBLIQUE.

Forcer chacun à enlever ses propres ordures, ou à ne plus les faire (à moins d'y être forcé par la nécessité).

— Va-t-il y en avoir de ces étrangers à Paris ! Vont-ils en courtiser de ces Parisiennes, et j'en suis une !

— Dis-lui donc de se couvrir !
— Où? J'ose pas!

— Voilà pourtant comme je serai si je fais mes affaires pendant les quatre mois d'Exposition!

C'est dégoûtant cette Exposition! les pik-pockets anglais qui viennent dévaliser les voleurs français!

Nouveau système pour les patineurs se décidant comme dernière ressource à aller patiner chez Tortoni.

— Madame se trompe... l'Exposition ne doit pas commencer avant le printemps.

SYSTÈME DE PATINS.

Recommandé par le *Charivari*. De cette façon, les patineurs n'auront pas la lumière dans les yeux.

EXPOSITION DE PATINS.

— Quatre francs de location vos patins? Hier ce n'était que deux francs!
— Aujourd'hui la glace est moins solide, j'ai plus de chance de ne pas les voir revenir.

— Vous n'avez pas pu trouver un médecin?
— Impossible, monsieur, ils sont très-occupés dans ce moment-ci à composer de nouvelles maladies pour l'époque de l'Exposition.

— Mon pauvre mari est bien mal!
— Qu'il se dépêche, ma chère. Voici bientôt l'Exposition. les médicaments vont augmenter comme le reste.

— Pleure donc pas, imbécile, on t'assomme mercredi; mais, si t'avais vécu jusqu'à l'Exposition, tu aurais eu l'affront d'être digéré par des estomacs étrangers.

Henri IV bouchonnant lui-même son cheval pour être présentable à l'époque de l'Exposition.

Le Jardin des Plantes mettant tous ses animaux en toilette au moment de l'Exposition, quelques-uns offriront des bouquets aux dames.

— Ah ! grand Dieu ! j'aurais dû m'y attendre, au moment de l'Exposition universelle! Voilà Zémire qui va faire la connaissance d'un Danois.

EXPOSITION.

Projet de tribune à quatre places pour accélérer les débats. — Rejeté à cause de la nécessité coûteuse de quatre verres d'eau sucrée.

AUTRE PROJET PROPOSÉ PAR UN MAUVAIS PLAISANT.

EXPOSITION.

Une plaque en fonte rigoureusement chauffée servant de plancher à la tribune, afin d'empêcher que l'orateur abuse de la patience de la Chambre.

Un système de pointes pour empêcher que l'orateur, entraîné par un mouvement d'éloquence, frappe sur la tribune et l'abîme.

1867 pouvant maintenant exposer un beau produit de plus.

Les gens timorés étant d'avis d'une tribune qui ne s'élève que petit à petit, afin de ne rien brusquer en fait de libertés.

Pourvu qu'il ne vienne pas un Iroquois à l'époque de l'Exposition pour le mettre dans un cruel embarras !

EXPOSITION CHORÉGRAPHIQUE.

NOUVEAU QUADRILLE DU FUSIL À AIGUILLE.

— Le cavalier seul ? Qui finit par disparaître à son tour à la figure suivante.

EXPOSITION POLITIQUE.

L'entente générale pour faire suite à l'entente cordiale.

— T'as déjà vu 1867 à Paris?
— En 1814.

— A l'époque de l'Exposition, on veut donner une grande idée des richesses de la France.
— Bah !
— Oui; on va changer nos nez en argent contre des nez en or.

EXPOSITION DE NOUVEAUX FUSILS.

— Qu'est-ce que vous attendez pour vous lever et prendre votre fusil ?
— Mais j'attends le fusil d'aujourd'hui. On en invente un tous les jours, celui d'hier ne peut plus me servir.

EXPOSITION DE NOUVEAUX FUSILS.

— Qu'est-ce que ça me fiche, Voltaire ! il n'a pas inventé de fusil !
— Erreur ! il y a eu un fusil à rouet, il ne peut être que de Voltaire : c'était son nom !

EXPOSITION DES NOUVEAUX FUSILS.

— Très-bien; ne bougez pas, vous n'en avez pas pour une minute. Je vous ai tous fait monter pour essayer les effets du nouveau fusil que je viens d'inventer.

— Ne pouvant mieux honorer les soldats des milices étrangères venant visiter Paris qu'en leur cédant les tours de faction.

A l'époque de l'Exposition, la garde nationale parisienne mettant son hôtel à la disposition des milices étrangères... le vrai moyen d'en sortir elle-même.

Bien gênant pour ce pauvre Atlas, tout le monde qui va se porter sur le même point à cause de l'Exposition.

Clichy. — Impr. Maurice Loignon et Cie, rue du Bac d'Asnières, 12.

www.ingramcontent.com/pod-product-compliance
Lightning Source LLC
LaVergne TN
LVHW050224180726
843501LV00013BA/2490

* 9 7 8 2 3 2 9 6 5 4 2 5 6 *